H. HUBERT

DIVINITÉS GAULOISES

SUCELLUS ET NANTOSUELTA

EPONA

DIEUX DE L'AUTRE MONDE

MÂCON

PROTAT FRÈRES, IMPRIMEURS

H. HUBERT

DIVINITÉS GAULOISES

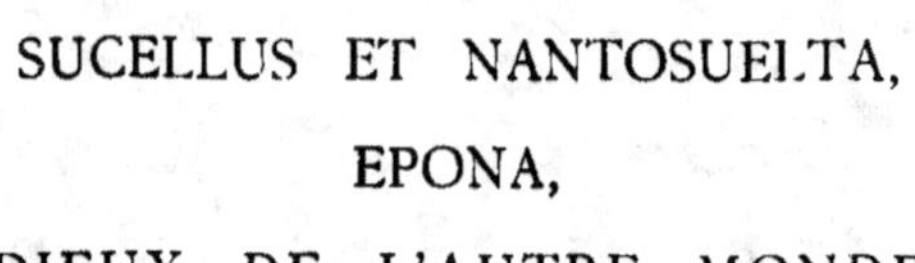

SUCELLUS ET NANTOSUELTA,

EPONA,

DIEUX DE L'AUTRE MONDE

MACON

PROTAT FRÈRES, IMPRIMEURS

1925

AVANT-PROPOS

Les deux mémoires ici réunis ont été publiés dans des recueils de Mélanges, l'un offert, en 1912, à mon maître Cagnat, l'autre, cette année, à mon ami Vendryes. Les recueils de cette sorte ne sont pas commodes à consulter : j'ai cru bon de réunir ces deux petits travaux pour pouvoir les distribuer.

Le 31 mars 1925.

H. HUBERT.

I

NANTOSVELTA, DÉESSE A LA RUCHE [1]

Les inscriptions que portent les deux stèles dont il va être
question me permettent de dédier ces quelques lignes à l'épi-
graphiste que fête ce recueil, mais je n'ai rien à ajouter à leur
commentaire. Ce sont les figures qui me touchent. Elles sont
d'ailleurs connues. Trouvés en 1895, à Sarrebourg, par M. de
Fisenne, ces monuments ont été publiés immédiatement par
M. Michaelis [2], puis commentés l'année suivante par M. S. Reinach dans la *Revue Celtique* [3].

Du savant commentaire de M. S. Reinach et des notes que
M. d'Arbois de Jubainville y a jointes, j'adopte presque tout. Je
me propose seulement d'y ajouter un peu en expliquant, si j'y
réussis, les attributs des dieux représentés et leur juxtaposition.

I

Nos deux monuments sont des autels votifs, trouvés côte à
côte et ayant appartenu vraisemblablement au même sanctuaire.

Sur le premier (fig. 1) sont figurées deux divinités : le dieu au
maillet avec ses attributs ordinaires, maillet et olla ; une déesse
qui tient de la main gauche, levée dans un geste répétant celui du
dieu, une hampe surmontée d'un édicule et fait de la droite,

1. Ce mémoire a été publié dans les *Mélanges Cagnat*, Paris, Leroux, 1912,
p. 281 sqq.

2. Michaelis, *Jahrbuch der Gesellschaft für lothringische Geschichte und Alter-
tumskunde*, t. VII (1895), p. 128-163.

3. S. Reinach, *Sucellus et Nantosuelta*, in *Revue Celtique*, 1896, p. 45 sqq.
— Id., *Cultes, mythes et religions*, t. I, p. 217-232.

avec une patère, une libation sur un autel. Au-dessous, un corbeau ; au-dessus une inscription :

DEO·SVCELLO·
NANTOSVELTE·
BELLAVSVS MAS
SE FILIVS·V·S·L·M·

Cette inscription a fait jusqu'ici tout l'intérêt du monument,

Fig 2.   Fig. 1.
Figg. 1-2. — Autels de Sarrebourg.

car on y lit le nom, ou l'un des noms gaulois du dieu au maillet, Sucellus, et celui de sa parèdre, Nantosuelta. Sucellus, selon d'Arbois de Jubainville, est le « bon frappeur » : *Su* == bien ; *-cellos* == *kël-do-s*, d'un thème verbal parallèle à celui du latin *-cello* (*percello*) [1]. L'étymologie, pour spécieuse qu'elle soit, n'est pas tout à fait satisfaisante et n'explique pas la diphtongue de la variante *Sucaelus*, donnée par une inscription de Mayence [2]. Dans le nom de Nantosuelta, d'Arbois de Jubainville a reconnu un premier élément *Nanto-*, qui est le thème du nom du Mars irlandais *Nét* (gén. *Néit*) [3] ; le deuxième élément serait une forme participielle d'un verbe *suel*, « briller » [4]. C'est une déesse belliqueuse, « brillant dans la bataille », une sorte de *Nemetona*.

Le deuxième autel (fig. 2) montre une déesse, qui s'appuie, de la main droite levée, sur la même hampe, au même édicule, que Nantosuelta ; dans sa main gauche baissée, une cabane, apparemment ronde, au toit de paille sans doute. Au-dessus du toit on aperçoit un oiseau, peut-être un corbeau, peut-être un coq. Dans l'angle gauche du cadre, aux pieds de la déesse, se voient, très nettement sur le relief, mal sur la photographie, trois objets circulaires, en tas, qui n'ont pas été commentés. Sur la base se lit à grand'peine l'inscription :

IN H·R·D·D
M·TIGNVARIVS
V·S·L·M·

Notons que, à Sucellus, manque le chien ou le loup, compagnon du dieu au maillet. En revanche, deux animaux figurent sur les reliefs, un corbeau, sur le premier, un autre oiseau, sur le deuxième, dont je n'essaierai pas d'expliquer la présence.

---

1. S. Reinach, *l. c.*, p. 50 : Forme développée de la racine *Kël*, représentée dans les langues celtiques par gallois *cledd*, *cleddyf*, vieil irlandais *claideb*, anc. breton *clezeff*, breton *klézé*, épée.

2. *C. I. L.*, XIII, 6730.

3. Irlandais *néit*, combat, bataille, blessure. — Les Celtes d'Espagne avaient un dieu de la guerre *Netos*. Cf. Roscher, *s. v.* III, 902. Est-ce le même dieu et le même nom ?

4. Irlandais *Súil*, œil.

II

Bien que les attributs des deux figures féminines diffèrent un peu, il est certain qu'elles représentent la même déesse.

Que sont ces attributs et quelle est cette déesse ? C'est un petit problème encore négligé.

La déesse à côté de laquelle s'assied d'habitude le dieu au maillet porte les attributs des Abondances et des Déesses mères [1]. Une seule fois il est apparié à une Diane : c'est sur un petit monument cubique, trouvé à Kastel, en face de Mayence [2]. Si le dieu au maillet est partout un même dieu, il est à croire que sa parèdre est partout la même déesse, car nous sommes en Gaule, chez d'honnêtes paysans gaulois, dont les monuments que nous avons de leur religion ne paraissent pas prêter à leurs dieux des amours variées. C'était la première fois qu'on voyait en cet appareil l'épouse du dieu au maillet. La raison n'est pas suffisante pour croire qu'il en eût changé. Au surplus, peu importe.

La déesse de Sarrebourg tient sur l'un des monuments la patère des Déesses mères. Je ne sais pourquoi M. S. Reinach fait un encensoir de ce qu'elle porte de la main gauche sur l'autre monument. Ce serait un encensoir en forme de cabane. L'édicule du sceptre et cette cabane sont pour moi une seule et même chose. C'est le même attribut sous deux formes différentes, pléonasme iconologique qui s'explique de soi.

Chaque fois qu'un dieu porte un sceptre surmonté d'un emblème, l'emblème choisi figure, exalté par la hampe, le symbole typique de son essence divine. C'est souvent l'animal sacré, c'est-à-dire l'aspect animal du dieu. L'édicule de Nantosuelta doit être à la déesse comme l'aigle à Jupiter ou le sanglier à la Diane des Ardennes [3]. J'ai pensé dès l'abord que c'était, à défaut

---

1. Espérandieu, *Recueil des Bas-Reliefs*, III, 1849, 1892, etc.

2. Flouest, *Revue Archéologique*, 1890, I, pl. VI-VII.

3. Bas-relief du Musée de Metz représentant une déesse tenant un sceptre surmonté d'un sanglier. Moulage au Musée de Saint-Germain, n° 11366. Cf. S. Reinach, *Catalogue des bronzes figurés du Musée de Saint-Germain*, p. 50, n° 29 (Diane chevauchant un sanglier).

d'un animal sacré, son logis, en un mot une ruche et que Nantosuelta avait quelque relation avec les abeilles.

Qu'une déesse, habituellement représentée en Abondance, eût l'abeille pour animal familier, l'association paraît raisonnable et conforme à la logique des convenances sympathiques. A l'histoire surnaturelle de l'abeille le symbolisme de l'abondance fournirait un long chapitre, comme celui de la pureté. Cette déesse de l'abondance a pu revêtir, au moins une fois, la figure de Diane. Or l'abeille était associée au culte de l'Artémis d'Éphèse, dont les prêtresses étaient des abeilles, μέλιτται [1], et l'on sait que l'iconographie religieuse des Gaulois doit beaucoup à la Grèce d'Europe et d'Asie. Je ne crois d'ailleurs ni que la déesse de Sarrebourg ait emprunté sa ruche à la Diane d'Éphèse, ni qu'elle l'ait prise en guise de *cornucopia*.

Mais tient-elle bien une ruche ?

Des ruches antiques nous n'avons ni exemplaires certains, ni représentations authentiques, ni définitions claires [2]. Il y en eut plus d'une sorte. Grecs et Latins en ont fait de paille et de bois, en rotonde (κύψελη, κυψέλιον) ou carrées. Les noms nous laissent toute liberté de nous figurer les choses à notre gré. Pour les Irlandais, la ruche est un panier (*sgeap sheilleinean*, panier d'abeilles) [3]. En bas-breton, le nom de la ruche, *rusken*, est celui de l'écorce, qui se dit *rusg* en gaélique, *rusc* en cornique, et de

---

1. Baumeister, *Denkmäler d. kl. Alt.*, I, 131 ; II, 1434. Weniger, in Roscher, *Lexikon der griech. u. röm. Mythol.*, II, 2638 ; Id., *Symbolik der Biene in der antiken Mythologie*. E. Rolland, *Faune populaire de la France*, III, p. 262-270 ; Sebillot, *Le Folk-Lore de France*, III, 300 sqq., 307 sq., 315, etc. ; Grimm, *Deutsche Mythologie* 4, 658 ; A. Wuttke, *Der deutsche Volksaberglaube der Gegenwart*, 150, 671, etc. ; Henderson, *Notes on Folk-Lore of the Northern Counties of England*, p. 309-311.

2. Bas-relief du Vatican : Hülsen, *Ein Monument des Vat. Museums*, 1887. — C.I.L., VI, 3124. Relief publié par Boissard, *Antiquitates*, t. VI, pl. 60, très douteux. Cf. Pauly-Wissowa, *Reallexikon*, IV, 450.

3. A. Mac Bain, *An etymological dictionary of the Gaelic langage*, p. 313. Le mot est d'origine nordique : *Skeppa*, mesure. Sur l'importance de l'élevage des abeilles en Irlande, cf. O'Curry, *Manners and Customs of the Ancient Irish*, p. CCCLXXVII.

là vient, croit-on, notre mot ruche, panier d'écorce [1]. Mais de quand datent ces expressions et ce nom, d'origine celtique, l'avons-nous reçu des Gaulois ? Chez les peuples du Nord de l'Europe l'élevage des abeilles est chose récente [2]. Les Gaulois récoltaient sans doute encore le miel dans la forêt comme leurs cousins, Germains et Slaves, l'ont fait longtemps encore [3]. Toutefois il est certain que les Gallo-Romains ont pratiqué l'apiculture et le monument de Sarrebourg nous donnerait la meilleure et peut-être la seule figure que nous eussions des ruches antiques si nous avions quelque moyen de démontrer que la déesse aux petites cabanes ait eu des raisons d'y loger des abeilles. Il nous apprendrait entre autres choses que la forme des ruches n'a pas beaucoup changé depuis lors.

III

Ce moyen, je le trouve dans l'interprétation des attributs du dieu, son parèdre. Les divinités gauloises forment des ménages bien assortis dont les conjoints se ressemblent et mettent leurs attributs et attributions en commun. Rosmerta porte le caducée de Mercure et, dans les couples où figure l'Abondance, le dieu parèdre prend volontiers la *cornucópia* [4]. Mari et femme se répètent en deux sexes. Des qualités de l'un on peut conclure aux qualités de l'autre.

1. A. Mac Bain, *o. l.*, p. 298, s. v. *rusg*. — Cf. R. Gauthiot, *Des noms de l'abeille et de la ruche en indo-européen et en finnois*, in *Mémoires de la Société de linguistique*, 1910, p. 264 sqq.

2. O. Schrader, *Indogermanisches Reallexikon*, p. 86 : tandis que les langues indo-européennes ont des expressions communes pour désigner le miel et l'hydromel, elles n'en ont pas pour désigner l'abeille domestique. Elles ont employé alternativement les mêmes mots pour désigner celle-ci et les abeilles sauvages. — Cf. R. Gauthiot, *o. l.*, *passim*.

3. Cf. pour les Germains, Anton, *Deutsche Landwirtschaft*, I, 163 sqq. — Pour les Slaves : Hehn, *Kulturpflanzen und Hausthiere*, p. 565.

4. Espérandieu, *o. l.*, III, 2166, Chassey, Musée d'Autun : Dieu barbu et vêtu à la façon du dieu au maillet tenant d'une main l'*olla* habituelle et de l'autre une corne d'abondance. Cf. *ibid.*, 1836, 1837, 1852.

L'un des attributs du dieu au maillet, rare, mais sans doute caractéristique, est un tonneau. Des dieux au tonneau le recueil du commandant Espérandieu permet de dresser très facilement la liste :

Esp. II, 1621. Gannat ; à l'Hôtel-de-Ville. Le dieu porte le maillet appuyé contre son bras gauche ; à droite, sur le sol, un tonneau.

Esp. III, 2025. Lieu dit le Châtelet, près Cussy-le-Châtel ; Musée de Beaune. Le dieu est assis, le pied droit sur le tonneau ; de la main gauche, qui est cassée, il s'appuyait sur son maillet.

Esp. III, 2034. Lieu dit En Roussot, à Grandmont, commune de Monceau ; Musée d'Autun [1]. Le tonneau, vu de côté, se reconnaît à ses cercles, derrière le manche du maillet. (Figure 3).

Esp. III, 2750. Vichy ; chez M. Desbrest, maire. Le dieu

Fig. 3. — Stèle de Grandmont.

pose son pied droit sur le tonneau et appuie sur sa cuisse droite le manche de son maillet. Au-dessus du tonneau est une amphore.

Esp. IV, 3537. Malain ; Musée de Dijon. Le manche du maillet est posé sur le tonneau.

S. Reinach, *Catalogue des bronzes*, p. 176. Bas-relief aujourd'hui perdu, trouvé à Toul, connu par un dessin conservé à la Bibliothèque Nationale. Le dieu est debout ; à ses pieds un chien flaire deux grenades ; à gauche sont représentées deux barriques [2].

1. E. Flouest, *Deux Stèles de laraire*, 1885, p. 15 sqq. Flouest ne reconnaît pas le tonneau.

2. Je supprime le point d'interrogation que met ici M. S. Reinach. Les barriques sont parfaitement reconnaissables.

J'ajoute à cette liste un petit monument, provenant de Nuits ou de Seurre, qui se trouve au musée de la Société Achéologique de Beaune. Il représente le dieu au maillet assis à côté d'une Abondance. Le manche du maillet repose, à terre, sur un disque qui est sans doute le haut d'un tonneau. Esp. III, 2066.

Je reconnais un dieu au maillet flanqué du tonneau dans un petit monument d'Autun, non identifié par le commandant Espérandieu et dont le catalogue du Musée de Saint-Germain, qui en expose un moulage, fait un Gaulois en costume de chasse. Le tonneau est visible et le maillet a laissé de sa hampe une trace fort nette. Esp. III, 1843. (Fig. 4).

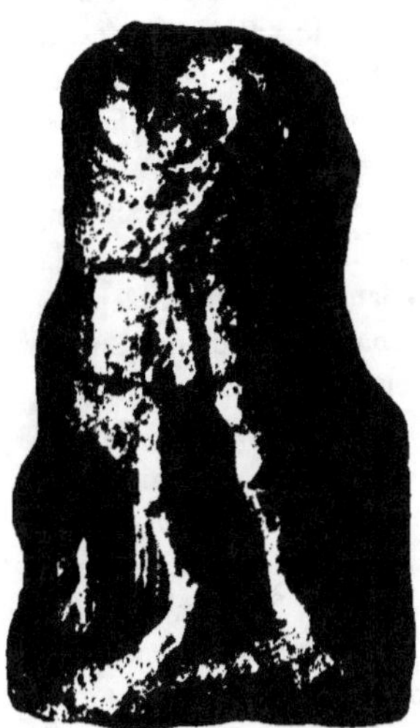

Fig. 4. — Musée d'Autun.

M. Ad. Blanchet a reconnu un dieu au maillet sur un tesson de vase sigillé provenant de Lezoux. Le personnage, vêtu d'une tunique à manche, est assis sur un rocher (?), sur lequel se détachent des objets circulaires qui ont l'air de tonnelets. Du même côté, c'est-à-dire à droite, sa main s'appuie sur un bâton, qui peut être le manche d'un maillet. Le long du bras gauche, un peu tendu, s'allongeait un autre objet. Déchelette, *Vases Céramiques de la Gaule romaine*, t. II, p. 218 ; Musée de Saint-Germain, n° 32588 [1].

Un bas-relief de l'ancienne collection Bulliot (Autun) représente un personnage, qualifié de tonnelier, qui tient d'une main

---

1. Ad. Blanchet, Compte rendu de Déchelette, *Vases Céramiques*, in *Bulletin Monumental*, 1905, p. 201. M. Déchelette hésite à admettre cette conjecture ; ce serait le seul exemple d'un dieu gaulois dans la céramique de Lezoux.

sur son épaule un tonnelet et s'appuie de l'autre sur une longue hampe, sans terminaison distincte. Je suis tenté de voir un dieu dans ce tonnelier qui porte si aisément sa charge. Esp. III, 1882.

Un petit groupe trouvé l'an dernier à Alise par le commandant Espérandieu nous montre à côté d'une Abondance un dieu paresseusement appuyé sur un tonneau [1]. Je crois que c'est le même. Il n'a pas de maillet. Mais la chose tire-t-elle à conséquence ? Il se peut que maillet et tonneau soient la même chose [2]. Autre cas de pléonasme iconologique.

Les Gaulois faisaient grand usage de tonneaux. Peut-être avaient-ils le droit d'en revendiquer l'invention [3]. Que la tonnellerie ait donné, dans leurs arts familiers, un emblème à l'un des plus particuliers de leurs dieux nationaux, on ne s'en est donc pas étonné, sans doute à bon droit. Mais que contenait ce tonneau ? Du vin ? C'est possible. Entre les mains de Silvain (et Silvain a prêté au dieu au maillet son nom, ses attributs et peut-être un peu de sa personne) se voit une grappe. De la bière ? C'est plus probable ; cela convient mieux à la petitesse des tonneaux et c'est plus gaulois. Les Gaulois, buveurs de bière, en fabriquaient de plusieurs sortes [4] et ils ont légué quelques mots de leur cru au vocabulaire technique de la brasserie [5]. Je

1. Espérandieu, *Fouilles de la Croix-Saint-Charles*, 1911.

2. M. S. Reinach m'invite à considérer comme des barillets les masses des maillets rayonnants de Vienne : Dieu au maillet de Vienne (Flouest, *Deux Stèles de laraire*, p. 69, pl. XIII) ; maillet du Musée de Saint-Germain, 22205. Il me suggère de compter parmi les monuments du culte d'un dieu au tonneau la pendeloque de Vertault en forme de barillet : *Bulletin de la Société des Antiquaires*, t. 60, 1899, p. 297.

3. Mac Bain, *o. l.*, p. 382, *tunna*. Kluge, *Etymologisches Wörterbuch d. deutschen Sprache*[6], p. 395, pense qu'en germanique le mot est un emprunt au celtique postérieur au VIIIe siècle ; s'il était germanique, la première consonne serait devenue z en allemand. Cf. Pline VIII, 16.

4. Cf. Grupp, *Kultur der alten Kelten und Germanen*, p. 84 ; Strabon, IV. 201 ; Denys d'Halicarnasse, XIII, 11 ; Pline, XXII, 164 ; XIV, 149. — Κόρμι : Posidonius, dans Athénée IV, 152 c. ; κοῦρμι : Dioscoride, II, 110 ; Marcellus Empiricus, 16, 33 ; irl. *Cuirm*. Cf. O'Curry, *o. l.*, CCCLXXI. — *Lendu* : irl. *lind.*, Gall. *llynn*. Cf. O'Curry, *o. c.*, p. CCCLXXIII. — *Caelia, Cerea, Ceruesia* : Pline, XXII, 164.

5. Ex. *cervoise, brasser*.

suis même porté à croire qu'ils ont inventé le houblonnage et qu'ils en ont fait honneur au dieu au maillet, dieu de la bière. Ils connaissaient le houblon [1] et le nom du houblon, *humulus lupulus*, fait aisément penser au loup familier de Silvain dieu au maillet, si toutefois ce loup n'est pas un chien.

Entre autres sortes de bières ils fabriquaient de l'hydromel [2].

Si le dieu au maillet, dieu au tonneau, est un dieu de la bière, il est tout à fait conforme aux données de la religion gauloise que sa parèdre soit une déesse de l'hydromel, préside comme telle, à la récolte du miel, aux abeilles et porte la ruche.

IV

Que le dieu au maillet ou au marteau, dont les monuments gaulois nous laissent libres de nous figurer l'usage à notre guise, soit bien un dieu de la bière, la mythologie des Celtes insulaires nous donne là-dessus pleine satisfaction.

Plusieurs personnages de la mythologie irlandaise sont des « frappeurs » armés de massues eu de marteaux. On a comparé Sucellus au Fomore Balar, grand-père du dieu Lug [3]. Je le compare plus volontiers au forgeron divin Goibniu, qui fait partie des Tuatha Dé Danann. C'est lui qui prépara pour les dieux le fameux « festin de Goibniu », *fled Goibnenn* [4], festin ou beuverie, car il s'agissait d'y boire le *deoch*, boisson qui rendait immortel. Or cette boisson d'immortalité, c'était une bière dont regorgeait, dans l'autre monde, monde des dieux et des âmes, un chaudron merveilleux, objet des convoitises de tous les grands héros.

---

1. Pline, XXI, 86. L'adjonction du houblon peut résulter de tentatives pour conserver la bière. Pline, XIV, 149, fait honneur aux Celtibères de pareils essais. Cf. O'Curry, *o. l.*, CCCLXXIII ; O. Schrader, *o. l.*, p. 377.

2. Diodore V, 26 (d'après Pythéas) ; Athénée, IV, p. 152 c. d ; Eustathe, Il., XI, 637 (d'après Posidonius). *Medū-*, vieil irlandais *mid*, gallois *medd*. Cf. O'Curry, *o. l.*, p. CCCLXXVII.

3. S. Reinach, *Cultes*, I, p. 223. D'Arbois de Jubainville, *Le Cycle Mythologique irlandais*, Cours de Littérature celtique, t. II, p. 206.

4. O'Curry, *Atlantis*, t. III, p. 389. O'Grady, *Silva Gadelica*, II, p. 385. Cf. D'Arbois de Jubainville, *o. l.*, p. 275, 277-78, 303, 317. — Irl. *Goba*, forgeron.

Le forgeron Goibniu avait plus d'un métier, c'était un bâtisseur [1]. Comme tel, il se confond dans la mythologie avec un autre frappeur, Dagda, aussi grand buveur que mangeur, qui, lui aussi, possède un chaudron dont il peut vider d'un trait le contenu, porridge ou bière [2]. Dagda et Goibniu bâtissent pour Balar. Les trois grands « frappeurs » sont donc assez près les uns des autres.

Or, le dieu forgeron n'est pas particulier à l'Irlande. Les *Mabinogion* gallois nous font connaître un Govannon, également forgeron [3]. Govannon est l'oncle de Llew, c'est-à-dire de Lug, dont Balar est le grand-père. Govannon date de loin, car parmi les noms de lieu bretons attestés par la géographie latine, nous trouvons un *Gobanniodunum* [4], « fort du forgeron », etc.

Breton vaut souvent pour Gaulois. En tous cas la Gaule propre, à défaut d'un nom divin qui fasse pendant à Govannon et à Goibniu, nous a laissé des noms théophores. Gobannicnos [5] en est certainement un (le fils de Gobannos) ; Gobannitio [6], l'oncle de Vercingétorix, en fournit un autre exemple.

Ce dieu forgeron, cousin du Goibniu goidélique, dont on a le droit de supposer l'existence, c'est sans doute le dieu au maillet, patron des forgerons [7] qui leur prête, sur les stèles funéraires (fig. 5), son chien et jusqu'au coq dont il est flanqué quelque part [7]. Patron des tonneliers également ! Nommé Sucellus à

---

1. *Gobhan Saer*, Gobhan l'architecte : *saor*, charpentier (*sapiros*, d'une racine *sap*, comportant l'idée de science, d'adresse). — Larminie, *West Irish Folk-Tales*, p. 1-9 ; Dottin, *Contes Irlandais* (II), p. 198, XXXVI. Dans ces contes Gobhan Saer joue le rôle prêté à Dagda dans le récit de la bataille de Magtured.

2. D'Arbois, *o. l.*, p. 296 et *passim*. Mac Culloch, *The Religion of the ancient Celts*, p. 61, 382. Cf. *Revue Celtique*, t. XII, p. 85.

3. Mac Culloch, *o. l.*, p. 109 sq.

4. *Gobannion*. Holder, *Altkeltischer Sprachschatz*, s. v. = Gobanniodunum, selon d'Arbois de Jubainville ; près d'Abergafenny, *It. Ant.* 484, 6 ; *Rav.* 5, 31, *Bannio*.

5. Saint-Just, près Suse, *C. I. L.*, V, 7290. Cf. *Revue Celtique*, X, p. 231-233.

6. César, *B. G.*, 7, 4, 2.

7. Stèle d'Apinosus. Esp. III 2309 (Entrains). Cf. Esp. I, 437, Nîmes : Dieu au maillet flanqué du coq.

Sarrebourg[1], Silvain ailleurs (fig. 6), c'est lui peut-être qui se présente encore sous les espèces de Vulcain[2]. Tonnelier, forgeron ou chaudronnier, mais brasseur en tout cas et fabriquant tantôt le chaudron, tantôt le fût, tantôt la bière. Cette combinaison de métiers n'est probablement pas accidentelle et fait penser à l'association que la mythologie grecque établit entre Hephaistos et Dionysos[3]. Elle veut dire, je crois, que, au temps où naquirent les dieux, avant d'avoir la bière et le moût fermentés, le difficile était d'assembler la cuve et de marteler le chaudron[4]. Je considère donc comme démontré le caractère bacchique du dieu au maillet. S'il n'a pas toujours l'enseigne

Fig. 5. — Stèle funéraire d'Entrains ; musée de Saint-Germain-en-Laye, 52733.

1. C'est peut-être le même dieu qui porte à Alésia le nom de Ucvetis ; cf. Poisson, *Revue Celtique*, XXXIII, 1912, p. 102 : Ucvetis serait équivalent au héros métallurgiste irlandais *Uchadan* ; les forgerons seraient ses dévots. — Le nom de Sucellus, à en juger par la liste des inscriptions, a dû être assez général ; elles s'échelonnent dans l'est de la Gaule, du Var à Mayence.

2. S. Reinach, *Catalogue des bronzes*, p. 39, n° 11. Statuette dite de Vulcain, au Musée de Saint-Germain (n° 34111). M. S. Reinach note la ressemblance qu'il présente avec un dieu au maillet.

3. J. Harrison, *Introduction to the Study of Greek Religion*, p. 433, fig. 134, Hephaistos portant le marteau et la vigne ; p. 376, Hephaistos ramené dans l'Olympe par Dionysos. — Iliade, I, v. 597-600, Hephaistos échanson des dieux.

4. O'Curry, *o. l.*, p. CCCLXXII.

du tonneau, il ne lâche jamais son pot et c'est, je crois, un pot
à bière.

V

L'étymologie du nom de Nantosuelta, à supposer qu'elle soit
exacte, révèle un caractère belliqueux. Qu'à cela ne tienne. Le
dieu de la bière a été latinisé encore sous les espèces de Mars.
Une inscription bretonne est une dédicace *Deo Marti Braciacæ* [1].
Braciaca n'est pas, comme beaucoup d'épithètes divines, une épithète géographique, mais une épithète de fonction. Le Mars
Braciaca est un dieu du malt, *bracis* [2], ou du brassage. Est-ce le
rapprochement établi par les Latins entre Mars et Silvain [3] ? Est-
ce l'humeur belliqueuse du dieu frappeur qui nous a valu un
Mars dieu de la bière ? Le dieu au maillet, en tous cas, a été
parfois pourvu d'attributs militaires. Il porte une épée nue sur
un petit monument d'Alise où il voisine avec l'Abondance [4]. Il
est pourvu du parazonium sur une statue, trouvée à Escles
(Vosges), qui est au Musée d'Épinal [5]. Sur un autel carré de Sou-
losse, dans la même région, il tient un poignard de la main
gauche [6]. C'est peut-être le dieu au maillet que l'on voit armé
d'une lance et assis à côté d'une Abondance, sur un bas-relief du
Mont-Auxois, au musée de Dijon [7], et debout à côté de la même
déesse sur un relief d'Autun [8]. A Combertant, à une heure et

---

1. *C.I.L.* VII, 176, Haddonhouse, près Bakewell. Cf. Holder, *s. v.*
2. Pline, *H. N.*, XVIII, 62. Bas-latin *bracium*, Du Cange, *s. v.* ; vieil irlandais *braich* ; gallois *brdg* ; cornique *brdg*. L'extension du mot dépasse les
langues celtiques : russe *braga*, boisson faite d'orge et de seigle ; petit russien,
brahq ; lithuanien, *brógas*. Cf. Holder, *s. v.*
3. Caton, *De Re Rustica*, LXXXIII ; Lucilius, dans Nonnus, p. 110 ; *C.I.L.*,
VI, 481, 2894.
4. Espérandieu, III, 2347. Musée de Dijon.
5. F. Voulot, *Catalogne des collections du musée départemental des Vosges*,
2ᵉ partie, *Série lapidaire*, nᵒ 8.
6. Id., *ibid.*, nᵒ 49.
7. Esp. III, 2348.
8. Esp. III, 1832.

demie de Beaune, a été trouvée une petite stèle sur laquelle est sculpté un dieu qui réunit autour de lui et dans ses mains, le bouc et la bourse de Mercure, un chien, une lance, une épée et un bâton qui n'est peut-être que le manche d'un maillet [1].

A un Mars dieu de la bière, Braciaca, répondra naturellement une Nemetona, déesse de l'hydromel. Il n'est pas inutile d'observer que l'un des noms de l'hydromel, d'ailleurs devenu anglais, est *bragget* [2], qui précisément fait pendant à l'épithète du dieu. A défaut d'un parallélisme plus exact, le nom de la *dea Meduna* [3], s'il est clair, désigne une pareille déesse et prouve que la religion gauloise ne répugnait pas à la concevoir. Mais, qui plus est, notre déesse de Sarrebourg a reçu de son mari des tonneaux. Je les reconnais dans les cercles qui s'entassent à ses pieds à la façon des tonnelets de Toul et de Lezoux. Il n'y a pas à s'y méprendre, ses fonctions sont bien indiquées.

VI

Sainte Brigitte nous garde probablement le souvenir d'une déesse irlandaise de la bière analogue à celle que nous supposons en Gaule. Sa vie relate, à la date de Pâques, un miracle de la bière [4]. C'était un rite irlandais de Pâques que de faire à l'église d'abondantes libations de bière pour rompre le jeûne du carême [5]. La bière manquant, Sainte Brigitte renouvela le miracle de Cana.

1. Esp. III, 2082.

2. Joyce, *Irish Culture*, t. II, p. 120. En anglais, le mot désigne une sorte d'ale sucrée avec du miel et diversement épicée. Le mot est emprunté au gallois. Selon Cormac, il a passé du gallois à l'irlandais sous les formes *brocaat, bracaut, broiccat* ; ces mots désignent selon lui une sorte de bière particulièrement bonne (*sain-liun*) faite de *braich*.

3. Bertrich, Reg. Bez. Coblenz. Holder, *s. v.* Elle est associée à une *dea Vercana*, déesse de la colère ?

4. *Vita IV. S. Brigidae*, Ch. IV. — Cf. Joyce, *o.l.*, t. II, p. 120 ; Lynch, *Cambr. Ev.* II, 137 : Lorsque le roi de Leinster vient visiter Brigitte, elle lui donne une coupe d'hydromel.

5. Joyce, *o. l.*, p. 119.

Ces libations de bière à l'église sont, elles aussi, un souvenir de l'ancienne religion celtique et elles nous donnent à penser que Sucellus-Braciaca et Nantosuelta, déesse de l'hydromel, n'étaient pas uniquement ou originairement des dieux de métier et

Fig. 6. — Statuettes de Silvain ;
Musée de Saint-Germain-en-Laye, 17628 et 18784.

que la bière dont ils faisaient largesse n'était pas une boisson « hygiénique », mais une boisson rituelle. Je me propose de le montrer expressément ailleurs [1].

1. Dans un travail sur le vase de Gundestrup, qui a fait l'objet de plusieurs cours à l'École des Hautes-Études, et a été interrompu par la guerre. Une partie de ce travail a été communiquée à l'Institut Français d'Anthropologie, le 21 janvier 1920 (*Anthropologie*, t. XXX, p. 157). Une des plaques extérieures du vase a été étudiée dans un article paru dans la *Revue Celtique*, t. XXXIV, 1913, p. 1 sqq. : *Gweil-gi, l'océan et le camassir androphage.* A titre d'indication, je me contente de citer le passage suivant des *Vailima Letters* de R. L. Stevenson, t. II, p. 194 : « It may amuse you to hear how it is proper to drink 'ava. When the cup is handed you, you reach your arm but somewhat behind you and slowly pour a libation, saying with somewhat the murmur of prayer, « *Ie tammafa e le atua. Ua metagofie le fesi la faiga nei.* » « Be it (high-chief) partaken of by the God. How (high-chief) beautiful to view is this (high-chief) gathering ».

Observons seulement que le chaudron à bière de la mythologie se trouve dans l'autre monde, chez les dieux sans doute, mais chez les dieux infernaux [1]. Le légitime possesseur du chaudron est un Dispater. Il est assez bien établi que le dieu au maillet l'est également [2]. Cette association de fait a ses raisons ; l'une est à mon avis celle que E. Rohde a très finement élucidée en expliquant comment l'extase bacchique a fourni l'idée d'âme [3]. J'exposerai les autres en étudiant un jour la bière rituelle des Celtes. Mais déjà je suis prêt à croire que, si les morts gaulois, comme Apinosus (fig. 6), tiennent à la main sur leurs stèles funéraires le gobelet ou le pot, ils l'empruntent à ce Dispater, pour boire à son tonneau et trinquer avec lui. Dieu des douleurs infinies et éphémères, de la sève vitale qui bouillonne sur la mort, des enthousiasmes meurtriers, de l'ivresse permise aux jours de fête et du labeur quotidien des gens de métier ; dieu singulier, inquiétant, grandiose ou grotesque, peut-être au fond bonhomme, le dieu au maillet, Dispater et Sucellus, le grand dieu des Celtes, touche de près au Dionysos, qui a donné la bière aux Thraces, avant de donner le vin aux Grecs, ainsi qu'à l'Orpheus de la philosophie mystique. L'ivresse qu'ils donnent est une ivresse sacrée. La libation qu'ils commandent est un sacrifice où les dieux boivent avec les hommes et les vivants avec les morts ; le brassage même de la boisson est un acte de sacrifice. Je le montrerai, j'espère, bientôt point par point. Je n'ai voulu avancer pour le moment qu'une chose, c'est que Nantosuelta, parèdre du dieu au maillet, est sa digne compagne et qu'elle porte une ruche où s'élabore le miel du meth.

1. Mac Culloch, *o. l.*, p. 381.
2. S. Reinach, *Cultes*, I, p. 225 ; *Bronzes figurés*, p. 165.
3. E. Rohde, *Psyche*.

II

LE MYTHE D'EPONA [1]

L'étude des religions celtiques présente cette grave difficulté
qu'aucune ne nous est connue dans son ensemble et qu'elles ne
nous sont pas connues au même état ; le travail de comparaison,
qui pourrait compléter ce que nous savons de l'une par la tradition de l'autre, est donc fort délicat et leurs images complémen-
taires ne s'ajustent pas d'emblée. Des Irlandais et des Gallois nous
ne connaissons guère que la mythologie et surtout à travers la
légende héroïque. Les Gaulois ont sacrifié la leur et leurs dieux
ne subsistent que travestis en dieux gallo-romains, le plus souvent dieux privés, sans personnalité, semble-t-il, et sans histoire,
simples images de piété. Telle paraît être la déesse aux chevaux,
Epona. Cependant d'Arbois de Jubainville a jadis essayé de décou-
vrir des mythes de dieux gaulois dans des légendes irlandaises [2].
Peut-être s'est-il trompé dans l'application de sa méthode ; mais
celle-ci était à la fois scientifique et sensée. Je l'ai suivie et je pense
avoir rencontré l'histoire de cette même Epona dans les *Mabinogion*, qui nous ont conservé par miracle, malgré leur rédaction
tardive et une longue interruption de tradition, des restes impo-
sants de mythologie britonnique. L'histoire d'Epona se trouverait à mon avis dans les deux récits intitulés *Pwyll, prince de
Dyved* et *Manawyddan, fils de Llyr*.

1. Ce mémoire a été publié dans les *Mélanges Linguistiques offerts à
M. J. Vendryes par ses amis et ses élèves*, Paris, Champion, 1925, p. 187 sqq.
2. D'Arbois de Jubainville, *Les Celtes*, p. 58 sqq.

I

Une soixantaine de petits monuments, trouvés en Gaule et dans le domaine gaulois du Danube, représentent une divinité assise le plus souvent sur le côté droit d'un cheval passant et pourvue généralement des attributs d'une Abondance, d'une Fortune, ou des *Matres*. On y joint quelques autres monuments figurant une déesse entourée de chevaux. Tous ces monuments sont anépigraphes, sauf deux de la seconde série, l'un trouvé à Naix, Meuse [1] ; l'autre plus récemment à Kapersburg, en Allemagne, dans un *castellum* du *limes* [2] ; il n'y reste d'ailleurs de la déesse et de ses chevaux que les pieds. On admet cependant sans hésitation que la déesse à cheval ou aux chevaux est l'Epona des inscriptions et des textes, déesse des cavaliers, des palefreniers, et des muletiers [3], dont le culte avait été introduit en Italie par les auxiliaires et les esclaves gaulois ; ses images y étaient peintes dans les écuries et l'une d'elles a été retrouvée à Pompei.

Le type plastique d'Epona était fixé ; il comportait néanmoins assez de particularités et de variantes pour suggérer que la personnalité de la déesse avait encore gardé quelque complexité. Notons d'abord que, lorsqu'elle est à cheval et que son cheval n'est pas immobile, il est au pas. M. S. Reinach, qui a dressé un catalogue des figures d'Epona, quand il y avait encore du mérite à cataloguer les reliefs gallo-romains, a pensé que deux monuments représentaient le cheval au galop [4]. Ces deux monuments, à mon avis, ne font pas exception. D'autre part, où la déesse se dirige-t-elle ? Sur l'une des faces d'un piédestal trouvé à

1. Espérandieu, *Recueil général des bas-reliefs de la Gaule romaine*, 4650 ; C. I. L. XIII, 4630.

2. C. I. L., XIII, 7438.

3. Juvénal, VIII, 155-157, *Schol. : Epona dea mulionum est.*

4. S. Reinach, *Epona, la déesse gauloise des chevaux*, Extrait de la *Revue Archéologique*, 1895, p. 35. Voir nos 17, bronze, Reims, et 34, bas-relief, Chevillot (Vosges). Espérandieu, *o. l.*, 4783.

Waldfischbach, dans le Palatinat [1], la déesse est figurée se diri-
geant vers un bâtiment en forme de tour. Elle fait partie d'une
scène. J'en conclus que l'attitude qui lui est donnée par la plu-
part de ses représentations n'est, à proprement parler, une attitude liturgique que parce qu'elle a été une attitude mythique et
que les tailleurs d'images gallo-romains en avaient encore le sen-
timent, s'ils ne se rappelaient plus toujours l'épisode du mythe
d'Epona qu'ils continuaient à illustrer. C'est le pendant de cet
épisode qui se trouverait au début des Mabinogion.

Un jour que Pwyll, prince de Dyved, ou *Pen Annvwyn*, c'est-à-
dire tête, ou chef des Enfers, s'était rendu avec les siens, près de sa
résidence d'Arberth, sur un tumulus enchanté, qui s'appelait
Gorsedd Arberth, il vit venir une femme « montée sur un cheval
blanc pâle, gros, très grand... Le cheval paraissait à tous les
spectateurs s'avancer d'un pas égal et lent [2] ». Pwyll la fait
suivre, d'abord à pied, puis à cheval. La dame distance ses cour-
riers, sans changer d'allure. Trois jours de suite on recommence.
Le quatrième, Pwyll la poursuit lui-même et s'avoue vaincu en
la suppliant de s'arrêter. L'amazone de Gorsedd Arberth, qui
passe devant la cour de Pwyll au pas tranquille de son lourd
cheval et distance les cavaliers les plus légers, s'appelle *Rhiannon*,
fille de Heveidd le Vieux. Dans *Rhiannon*, on reconnaît *rhian*, la
dame, c'est-à-dire la reine, et j'admets sans difficulté que le mot
procède d'une forme britonnique **Rigantona*, comportant un
double suffixe, dont un augmentatif, et qui signifierait la grande
reine [3].

Rhiannon s'était offerte à Pwyll et devint sa femme à la suite
d'une contestation, en forme en *potlatch*, entre Pwyll et un personnage nommé Gwawl, fils de Clut [4]. Mais elle eut par la

1. S. Reinach, *ibid.*, 46, p. 23. Espérandieu, *o. l.*, 5933.

2. J. Loth, *Les Mabinogion du Livre Rouge de Hergest*.... traduits du gallois,
2ᵉ édit., t. I, p. 93.

3. Ed. Anwyl, in *Zeitschrift für keltische Philologie*, I, p. 288. Id., *Celtic
Religion*, p. 43. J. A. McCulloch, *Celtic Religion*, p. 111. Pour les finales,
voir Pedersen, *Vergleichende keltische Grammatik*, II, pp. 57, 107 sq. G. Dottin,
La langue gauloise, p. 110.

4. *Gwawl* signifie lumière.

suite un sort pitoyable, poursuivie par la vengeance de Gwawl et des siens. Le fils qu'elle mit au monde lui fut enlevé la nuit même de sa naissance [1] et transporté par un être fantastique chez un vassal de Pwyll, nommé *Teyrnon Twryv Vliant* [2]. Cet homme avait une jument fameuse. Tous les ans elle mettait bas la nuit des Calendes de Mai, mais son poulain disparaissait mystérieusement [3]. Cette fois-ci Teyrnon avait veillé ; il trancha le bras du ravisseur et, en le poursuivant, trouva à la porte de son écurie l'enfant de Rhiannon abandonné. Il l'éleva avec le poulain. Pendant ce temps, la mère, accusée par ses gardiennes distraites d'avoir dévoré son fils, était condamnée à attendre à sa porte les hôtes de son mari, à leur raconter son aventure et à les porter sur ses épaules dans l'intérieur de sa maison, ou du moins à le leur offrir.

A la fin de l'histoire, Rhiannon est encore victime de sa destinée tragique [4]. Elle avait épousé Manawyddan, fils de Llyr, et elle vivait avec son fils Pryderi et la femme de celui-ci, dans leur ancienne résidence d'Arberth ; mais le pays était devenu désert par enchantement. Pryderi et Rhiannon à sa suite entrèrent un jour dans un château magique et y restèrent prisonniers. Dans cet état, dit le Mabinogi, « Rhiannon portait au cou les licous des ânes, après qu'ils avaient été porter le foin. » Le texte ajoute : « C'est à cause de cela qu'on a appelé cette histoire le Mabinogi

---

1. J. Loth, *o. l.*, p. 106.

2. Teyrnon est un dérivé de *Tiern* = vieux celtique *Tigernos*, chef. Pour la suite du nom voir p. 28.

3. Ce passage du Mabinogi présente cet intérêt qu'il indique la date de la fête à laquelle correspond notre mythe, s'il s'agit bien d'un mythe. C'est le 1er mai. Le mythe de Rhiannon disputée entre Pwyll et Gwawl peut être comparé à celui de Creiddylad disputée entre Gwythur et Gwynn, fils de Nudd, (J. Rhŷs. *Arthurian Legend*, p. 319, 322 ; J. Loth, *o. l.*, Kulhwch et Olwen, I, pp. 284, 331). Le combat annuel de ceux-ci a lieu à la date du 1er mai. On pourrait donc concevoir tout le mythe concentré sur une seule fête. Si l'on préfère en distribuer les faits suivant un ordre plus physiologique, on tombe, pour le mariage de Pwyll et de Rhiannon, sur la date du 1er août ; or la fête de *Lugnasad* en Irlande était celle des Mariages de Lug.

4. J. Loth, *o. l.*, p. 151 sqq., Manawyddan, fils de Llyr.

de *Mynnweir* et de *Mynordd* », c'est-à-dire le Mabinogi des licous [1].

Enfin Pryderi fut encore, avant de disparaître, le héros d'une histoire de chevaux. Il avait hérité de son père un troupeau de porcs, l'un des trésors d'Annwyn. Le Mabinogi suivant, celui de Math, fils de Mathonwy, raconte que Gwydyon, fils de Don, lui persuada d'accepter en échange douze chevaux, créés par sa magie [2].

Toute cette histoire fantastique de Pwyll, Rhiannon et Pryderi, dont les épisodes précédents viennent d'être détachés, présente incontestablement les caractères d'un mythe, bien que sa rédaction ne soit pas antérieure au XIIe siècle [3] ; ni le christianisme, ni le roman n'ont réussi à les émousser. Les héros en sont des personnages divins et la déesse mère, Rhiannon, ainsi que son fils Pryderi, ont avec l'espèce chevaline et avec certaines autres bêtes de somme des rapports qui paraissent mythiques et anciens. Laissons de côté le jeune dieu. La déesse, à ce point de vue, nous apparaît sous deux aspects. Tantôt elle est traitée elle-même en bête de somme, soit chez elle, soit dans sa prison ; tantôt elle est montée sur un cheval miraculeux. Sous ce deuxième aspect elle rappelle fort exactement Epona. Je crois que les deux déesses sont identiques. On peut objecter toutefois que le culte d'Epona n'est représenté en Angleterre que par un petit bronze, d'un type presque aberrant [4], et deux inscriptions trouvées en territoire militaire [5] ; cependant il l'est et c'est justement du territoire militaire que sont issus les conquérants du pays de Galles. Mais il est à noter aussi que la modeste Epona porte dans deux inscriptions le titre de *Regina* [6] comme Junon, Vénus, Isis ou la

---

1. J. Lot, *o. l.*, p. 171.
2. *Ibid.*, p. 182.
3. *Ibid.*, p. 44.
4. S. Reinach, *o.l.*, 61 (Musée Britannique, Wiltshire).
5. S. Reinach, *o. l.*, 82, Auchindavy, près du vallum d'Antonin, à l'est de Dunbarton et de l'embouchure de la Clyde ; C. I. L., VII, 1114 ; 83, Carvoran, à l'ouest de Newcastle, près du vallum d'Hadrien, C. I. L., VII, 747.
6. C. I. L., III, 7750, Alba Julia (Karlsburg). 66 km. au sud de Cluj (Klausenburg), *Ibid.*, 12579.

Fortune, c'ost-à-dire le nom même de Rhiannon ou à peu près. Inscriptions militaires encore, sans doute, mais d'un pays qui voisine avec les pays gaulois ; et d'ailleurs pourquoi la personnalité de la déesse et ses titres liturgiques auraient-ils changé, plus que sa figure, du fait que les esclaves ou les spécialistes gaulois de l'armée romaine ont dispersé son culte dans l'empire au hasard de leurs déplacements ? Titres divins de la liturgie romaine ? mais pourquoi auraient-ils été appliqués à Epona, si elle n'en avait pas déjà porté l'équivalent ?

II

La double attitude de Rhiannon invite à supposer des états anciens de son mythe, où sa nature aurait hésité entre la forme humaine et la forme animale [1]. De même la déesse au cheval, déesse des palefreniers et des chevaux ou des muletiers et des mulets, a vraisemblablement été conçue sous la forme d'un cheval divin. Jucher sur le cheval une figure impersonnelle, c'était un degré d'anthropomorphisme. Ainsi pourrait s'expliquer l'image d'Epona [2]. Mais le mythe a toujours devancé l'effigie et les effigies divines, si imprécises qu'on puisse les imaginer, comportent toujours quelque chose du mythe. La figure classique d'Epona suppose un mythe, qui doit ressembler beaucoup au mythe de Rhiannon. Je vais essayer d'en donner quelques raisons de plus. Ce mythe avait évolué longtemps avant que ne fussent sculptées les premières images d'Epona. En cherchant dans cette direction, nous aurons chance de voir de plus près la déesse chevaline et d'arriver à déterminer ses caractères et ses qualités.

1. La cavale de Teyrnon peut être également considérée comme un doublet de Rhiannon.

2. C'est en effet ainsi que l'explique M. S. Reinach. Voir ses *Cultes, Mythes et Religions*, t. I, p. 30 sqq., *Les survivances du totémisme chez les anciens Celtes*. M. S. Reinach a supposé plus tard que le type plastique de la déesse à cheval avait été fourni par l'iconographie archaïque gréco-latine : *Ibid.*, t. IV, p. 54 sqq., *Clelia et Epona*.

En fait, un certain nombre de figures d'Epona ont des attributs dont l'histoire de Rhiannon rend compte. Tel est le petit monument de Néris, qui représente la déesse debout et met aux pieds de son cheval un enfant accroupi sous la jambe levée de l'animal : allusion obscure, à mon avis, au fils de la déesse [1]. Mais d'ailleurs Epona se présente sous les traits d'une déesse Mère sur le monument de Virecourt (Vosges) [2] ; elle tient, il est vrai, deux enfants. Il n'est pas jusqu'aux oiseaux de Rhiannon [3] qui ne se retrouvent auprès d'Epona. Un bas-relief d'Alttrier (Luxembourg) figure sur les genoux de la déesse, à la place de la patère ou de la corne d'abondance, un chien et un oiseau [4]. Celui-ci représente à mon avis les oiseaux fabuleux qui enchantèrent pendant sept ans, au banquet macabre d'Harddlech, les sept compagnons de Bendigeit Vran, revenus d'Irlande avec sa tête coupée, qui attendit en leur compagnie sa sépulture pendant 87 ans.

« Les oiseaux, dit le texte du 2e Mabinogi, qui raconte cette histoire, se tenaient au loin, au-dessus des flots, et ils les voyaient cependant aussi distinctement que s'ils les avaient eus près d'eux » [5]. Il ressort bien nettement de là que ce n'étaient pas des hôtes de ce monde-ci. Ces oiseaux qui « réveillent les morts et endorment les vivants [6] » appartiennent à l'autre monde et probablement

---

1. Espérandieu, o. l., 1568 ; S. Reinach. *Un groupe inexpliqué de Néris*, in *Revue Archéologique*, 1915, II, p. 155 sqq.

2. Espérandieu, o. l., 4701 ; je considère ce monument non pas comme roman, mais comme gallo-romain.

3. J. Loth, o. l., Branwen, fille de Llyr, I, p. 145.

4. Espérandieu, o. l. 4219. Le chien pourrait rappeler, s'il fallait pousser jusqu'au bout la méthode suivie, un autre passage du Mabinogi. Pour accuser avec vraisemblance Rhiannon d'avoir dévoré son fils, les gardes tuèrent les petits d'une chienne de chasse et lui barbouillèrent de leur sang le visage et les mains : J. Loth, o. l., I, p. 106. Monuments représentant un chien sur les genoux d'Epona : Bouillac (Charente), E. 1380 ; Saintes, E. 1716 ; Dalheim (Luxembourg), E. 4188.

5. J. Loth, o. l., p. 148.

6. J. Loth, o. l., Kulhwch et Olwen, p. 307, n. 2. Interpolation (?) du *Livre blanc de Rhydderch*, 482 (Peniarth 4) : Yspadadden Penkawr exige ces oiseaux pour chanter au festin de noces. Rhŷs, *Arthurian Romance*, p. 258, compare Yspadadden (l'aubépine) à Urbain de l'Épine noire, un héros du cycle

à la faune des passages. Rhŷs a comparé fort heureusement Rhiannon portant ses visiteurs dans l'intérieur de sa maison et *Liban*, épouse de Labraid, roi de l'au-delà, qui vient trouver au bord de l'autre monde Loeg, le cocher de Cuchulainn, et lui sert d'introductrice [1]. J'imagine que Rhiannon et Epona, ou leur cheval, ont été des psychopompes, comme Manawyddan, le deuxième époux de Rhiannon, qui avait, lui aussi, parmi ses attributs, un cheval merveilleux [2]. En somme Rhiannon appartient au cycle des dieux de l'autre monde, comme ses époux Pwyll et Manawyddan, comme sans doute aussi Teyrnon *Twryv Vliant*, qui joue dans le Mabinogi un rôle d'utilité, mais qui peut avoir eu précédemment celui de mari [3]. Teyrnon vient en effet de *Tigernonos*, le grand chef, comme Rhiannon de *Rigantona*, la grande reine ; son nom, qui ne signifie rien (bruit d'étoffe), a été corrigé en *Twryv Liant*, bruit des flots [4] ; c'est peut-être un dieu de la mer et il a lui aussi un cheval de qualité. Rhŷs a supposé que Rhiannon se survécut à elle-même sous les espèces de la dame du Lac, *Nyneue* ou *Niviene*, qui s'offrit à Pelleas comme Rhiannon s'était offerte à Pwyll ; il a expliqué en effet le nom inexplicable de *Nyneue* par une transcription fautive du nom de la déesse galloise [5]. Bref, si l'on conclut de Rhiannon à Epona, celle-ci serait un exemple de plus de ces grands dieux de l'autre monde, mystérieux et troublants, transformés en patrons de métiers par la religion populaire des Gaulois [6].

En poursuivant l'iconographie des oiseaux de Rhiannon,

de Perceval, vaincu par celui-ci au passage d'un gué qu'il défend et secouru par une nuée d'oiseaux.

1. J. Rhŷs, *Celtic Heathendom*, 3ᵉ éd., p. 641. *Serglige Conculaind*, E. Windisch, *Irische Texte*, I, pp. 210, 219 (14, 34) ; d'Arbois de Jubainville, *L'épopée celtique en Irlande*, pp. 182, 201.

2. A. Nutt, *Voyage of Bran*, I, pp. 2 sqq., 42 sqq., 169, 199, 233 ; II, pp. 17, 178.

3. J. A. McCulloch, *Celtic Religion*, p. 111.

4. J. Loth, *o. l.*, p. 108, n. 2 J. Rhŷs, *Arthurian Legend*, p. 25. La cavale de Teyrnon pourrait être Rhiannon, voir plus haut, p. 25.

5. J. Rhŷs, *ibid.*, p. 284, n. 1.

6. H. Hubert, *Nantosuelta, déesse à la ruche*, in *Mélanges Cagnat*, p. 281 sqq. Voir plus haut, p. 1 sqq.

on risque de renconter des Epona sans cheval. Un bas-relief, trouvé au Mt Berny, représente une divinité entourée de quatre oiseaux [1] ; un cippe, trouvé à Nevers, représentant une déesse assise, porte dans un registre inférieur deux oiseaux becquetant un objet mystérieux [2]. Le Musée de Saint-Germain possède depuis peu une très remarquable statuette de bronze, provenant sans doute de la Haute-Vienne, d'une déesse ayant eu sur ses genoux deux oiseaux, dont un seul subsiste [3]. Si cette iconographie, toute récente, de la religion gauloise reflète, comme je le crois, les mythes dont les Mabinogion nous donnent une revue passablement complète, c'est au mythe des oiseaux de Rhiannon, quel que soit le nom de la déesse, et non pas à d'hypothétiques cultes d'animaux qu'il faut recourir pour expliquer ces curieuses figures.

C'est ce que je viens de faire pour Epona. Entre le primitif totémisme, auquel il faut sans doute remonter en dernière analyse, et les figures qui nous sont données, il y eut bien des degrés intermédiaires. L'évolution des représentations produisit des mythes dont la légende de Rhiannon peut donner une idée. L'iconographie fait allusion à ces mythes ; les figurations d'animaux en rappellent des épisodes, comme le chien de saint Roch rappelle la légende du saint. L'image suggère une action mythique, connue ; le bas-relief de Wittelsbach avec un peu plus de clarté seulement que les autres : c'est l'apparition d'Epona ; la tour est le palais de l'époux qu'elle s'est choisi. Dans le cas présent le mythe est un mythe de l'au-delà. Il en est d'ailleurs ainsi d'un grand nombre de mythes totémiques.

III

Mais que vient faire dans la légende de Rhiannon cette histoire d'enlèvement d'enfant, cette fausse accusation d'infanticide et ce

---

1. Espérandieu, *o. l.*, 2850 (Musée de Saint-Germain-sur-Laye, S. Reinach, *Catalogue illustré*, I, p. 101).

2. Espérandieu, *o. l.*, 2181.

3. S. Reinach, *Catalogue illustré*, II, p. 164, 65151.

jugement de la mère ? Elle s'y présente évidemment fort bien [1], car elle y introduit le deuxième aspect de la déesse. Mais, à part le simple fait de l'enlèvement de l'enfant, qui fait sans doute constitutionnellement partie du mythe du jeune dieu [2], ce n'est pas autre chose qu'un thème de folk-lore quasi universel dont les exemplaires sont répartis de l'Inde à l'Irlande. Sans doutes les contes irlandais qui comportent cet épisode ont-ils de grandes ressemblances avec le récit des Mabinogion [3]. On y trouve la main crochue du ravisseur [4], la bouche barbouillée de sang de la victime. Mais ces récits ne présentent avec l'histoire de Rhiannon aucune ressemblance de structure. Il en est de même des autres. Le thème de l'enfant enlevé et de la mère condamnée apparaît dans des types de contes assez variés, dont la répartition est sans signification. Tantôt l'héroïne est frappée dans sa maternité en punition d'un secret surpris, ou d'une curiosité imprudente : secrets du Paradis (l'enfant de la Vierge Marie) [5], secrets d'un maître anthropophage ou vampire [6] (l'ogre maître d'école [7], etc.), défi porté à la destinée par un vœu fait à la légère [8]. Tantôt elle est persécutée par la jalousie de ses sœurs [9] ou de sa belle-mère [10], dans des contes appartenant aux cycles de Cendrillon, de Peau-

1. J. Rhŷs, *Arthurian Legend*, p. 308, a cru trouver à la fois le nom de Rhiannon et une allusion à cet épisode de son mythe dans le nom de *Rhiannon Rhin Barnawt*, possesseur de bouteilles miraculeuses où le lait ne peut tarir ; Yspadadden Penkawr les exige pour la noce de sa fille. Rhŷs transcrit : *Rhian Varnawt* et traduit : *The sentencèd* (*barn*, sentence) *lady*. Il suivrait de là que cet épisode aurait fait partie de la suite classique du mythe.

2. L'enlèvement de Pryderi ressemble à celui de *Mabon*, fils de *Modron*.

3. G. Dottin, *Contes irlandais*, p. 118.

4. Id., *Contes et légendes d'Irlande*, p. 50 sqq.

5. Cosquin, *Contes populaires de Lorraine*, II, p. 60 sq. Saintyves, *Les Contes de Perrault*, p. 369.

6. G. Dottin, *Contes irlandais*, XVII.

7. Cosquin, *Les Contes Indiens et l'Occident*, p. 120. Saintyves, *o. l.*, p. 391.

8. Cosquin, *Contes indiens*, p. 123.

9. Cosquin, *Études folkloriques*, pp. 208, 212.

10. Cosquin, *Contes populaires de Lorraine*, I, pp. 186, 246, 248, 324, 325, 327.

d'Ane ou de la Belle au Bois Dormant. Les contes de ces divers types n'ont rien de commun entre eux, sinon la maternité douloureuse de leurs héroïnes.

Mais les thèmes de contes, dont on peut s'appliquer à rechercher la structure liturgique abolie, gardent dans leur état actuel une valeur esthétique et dramatique qu'il importe de ne jamais oublier. Les héroïnes des contes en question sont éprouvées dans leur maternité, y souffrent et y triomphent, car leurs enfants sont toujours sauvés et reparaissent à l'épilogue. Leur histoire est une tragédie de la maternité. Mais d'ailleurs leur maternité est une maternité insigne : leurs enfants ont quelque chose du soleil et de la lune [1] ; ils naissent avec un joyau d'or, créateur de richesse [2] ; ils sont innombrables et forment une armée [3]. Rhiannon est également bénie dans son fils [4]. Mais, si Rhiannon explique Epona, on peut l'expliquer par celle-ci. Or, le monument de Virecourt atteste qu'Epona a été classée parmi les déesses-mères, qui devaient être, après tout, des mères par excellence. Pourquoi Rhiannon ne serait-elle pas *Modron*, la Grande Mère, mère de *Mabon*, le dieu-fils, qui fut enlevé comme Pryderi ? Il n'y aurait pas lieu de s'étonner que, au mythe d'une déesse-mère, ait pu s'accrocher un roman de la maternité. L'Inde nous offre une contre-partie fort instructive de cette déesse aux traits bonasses et au mythe tragique. C'est Hâriti, la déesse aux enfants, mère de cinq cents fils et modèle des nourrices [5]. Déesse des enfants, invoquée contre la petite vérole, elle en fut d'abord le mauvais génie. C'est encore une *yakshiṇa*, mais ce fut une véritable ogresse. Le bouddhisme l'avait adoptée et racontait que le Bouddha s'en était rendu maître en la frappant dans son dernier-né, Pingala, qu'il avait fait disparaître sous son vase à aumônes. Ici, nous avons à la fois

1. Cosquin, *Études folkloriques*, p. 212.
2. Cosquin, *Contes populaires*, I, pp. 186, 195.
3. Cosquin, *ibid.*, p. 196.
4. Pryderi fut appelé d'abord par ses parents adoptifs *Gwri Wallt Euryn* (aux cheveux d'or) « parce que tout ce qu'il avait sur la tête était aussi jaune que de l'or ». J. Loth, *o. l.*, p. 110.
5. Foucher, *L'Art gréco-bouddhique du Gandhâra*, t. II, p. 130 sqq.

images, légendes et traditions de toutes sortes. Faut-il poursuivre la comparaison et penser que Rhiannon était réellement suspecte du crime dont on l'accusa [1]. La mythologie celtique dans les parties qui nous en sont conservées, nous a laissé une image généralement bienveillante des dieux de l'autre monde. Ils ont cependant des traits obscurs et inquiétants, des associations avouées ou mal dissimulées, qui font penser aux mythes des maux, des douleurs et des fautes, dont ils ont pu être les héros et qu'a relégués dans l'ombre le mythe optimiste des bienfaits et des splendeurs de l'Hadès.

1. Dans le mythe de la famille de Don, que résume le Mabinogi de Math, fils de Mathonwy, Arianrhod, fille de Don, est un doublet suspect de Rhiannon.

MACON, PROTAT FRÈRES, IMPRIMEURS. — MCMXXV.